Impressum
Verlag: BABADADA GmbH, Nedderfeld 112 , 22529 Hamburg
Geschäftsführer / Verlagsleitung: Harald Hof
Druck: Books on Demand GmbH, In de Tarpen 42, 22848 Norderstedt

Imprint
Publisher: BABADADA GmbH, Nedderfeld 112 , 22529 Hamburg, Germany
Managing Director / Publishing direction: Harald Hof
Print: Books on Demand GmbH, In de Tarpen 42, 22848 Norderstedt, Germany

xue xiao

shkolla

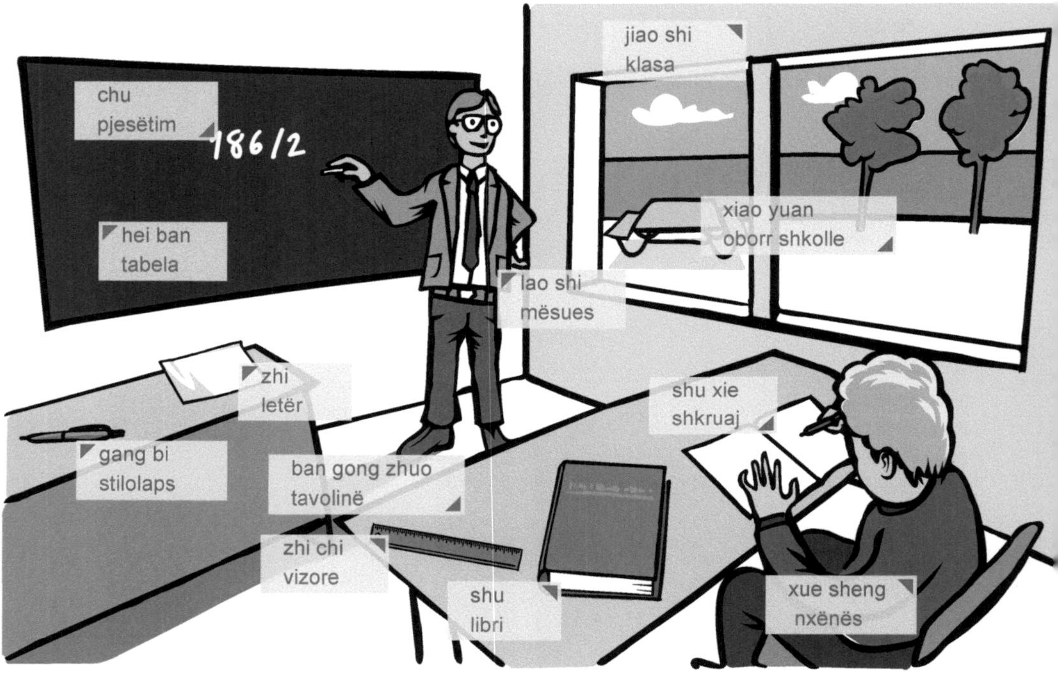

jiao shi
klasa
chu
pjesëtim
186/2
hei ban
tabela
xiao yuan
oborr shkolle
lao shi
mësues
zhi
letër
shu xie
shkruaj
gang bi
stilolaps
ban gong zhuo
tavolinë
zhi chi
vizore
shu
libri
xue sheng
nxënës

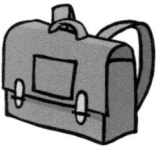

shu bao

çantë

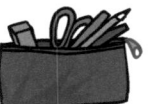

qian bi he

mbajtëse lapsash

qian bi

laps

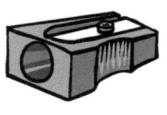

juan bi dao

mprehës lapsash

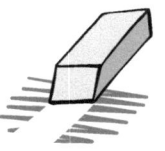

xiang pi ca

gomë

hua ban

fletore vizatimi

tu hua

vizatim

hua bi

penel

yan liao he

kuti bojërash

jian dao

gërshërë

jiao shui

ngjitës

lian xi ce

fletore detyrash

jia ting zuo ye

detyrë shtëpie

shu zi

numër

jia

mbledh

jian

zbres

cheng

shumëzoj

ji suan

llogaris

zi mu

gërmë

zi mu biao

alfabeti

zi

fjalë

ke wen

tekst

du

lexoj

fen bi

shkumës

shang ke

mësim

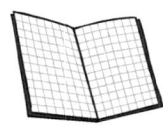

deng ji

regjistër

kao shi

provim

zheng shu

çertifikatë

xiao fu

uniformë shkolle

jiao yu

arsimim

bai ke quan shu

enciklopedia

da xue

universitet

xian wei jing

mikroskop

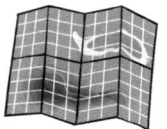

di tu

hartë

fei zhi kuang

kosh letrash

lü xing
udhëtim

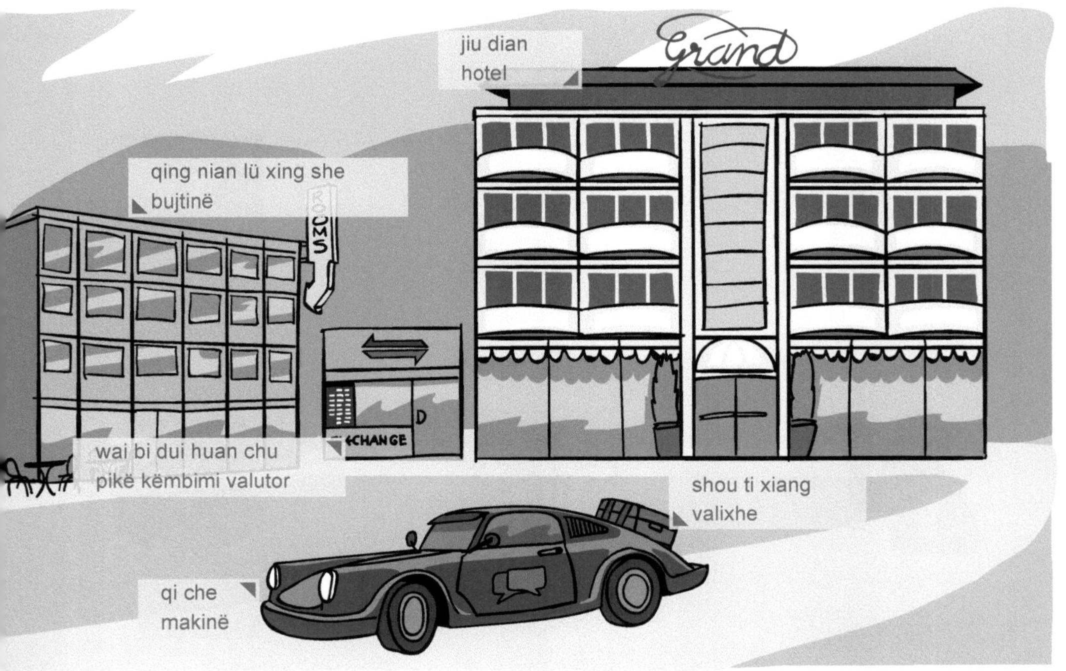

jiu dian
hotel
Grand
qing nian lü xing she
bujtinë
ROOMS
EXCHANGE
wai bi dui huan chu
pikë këmbimi valutor
shou ti xiang
valixhe
qi che
makinë

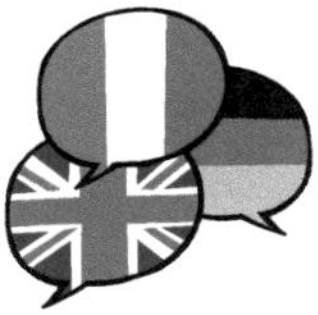

yu yan
gjuhë

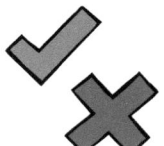

shi/fou
po / jo

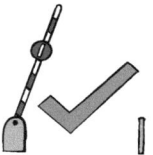

hao de
Në rregull

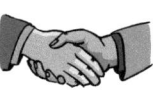

nin hao
ç'kemi

fan yi yuan
përkthyes

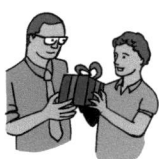

xie xie
Faleminderit

......duo shao qian?

sa kushton...?

wo bu ming bai

nuk e kuptoj

wen ti

problem

wan shang hao!

Mirëmbrëma!

zao shang hao!

Mirëmëngjes!

wan an!

Natën e mirë!

zai jian

mirupafshim

fang xiang

drejtim

xing li

bagazhet

bao

çantë

shuang jian bao

çantë shpine

ke ren

mysafir

fang jian

dhomë

shui dai

thes gjumi

zhang peng

tendë

lü you xin xi

informacion për turistët

hai tan

plazh

xin yong ka

kartë krediti

zao can

mëngjes

wu can

drekë

wan can

darkë

piao

Biletë

dian ti

ashensor

you piao

pulla

bian jie

kufi

hai guan

doganë

da shi guan

ambasadë

qian zheng

vizë

hu zhao

pasaportë

jiao tong yun shu
transport

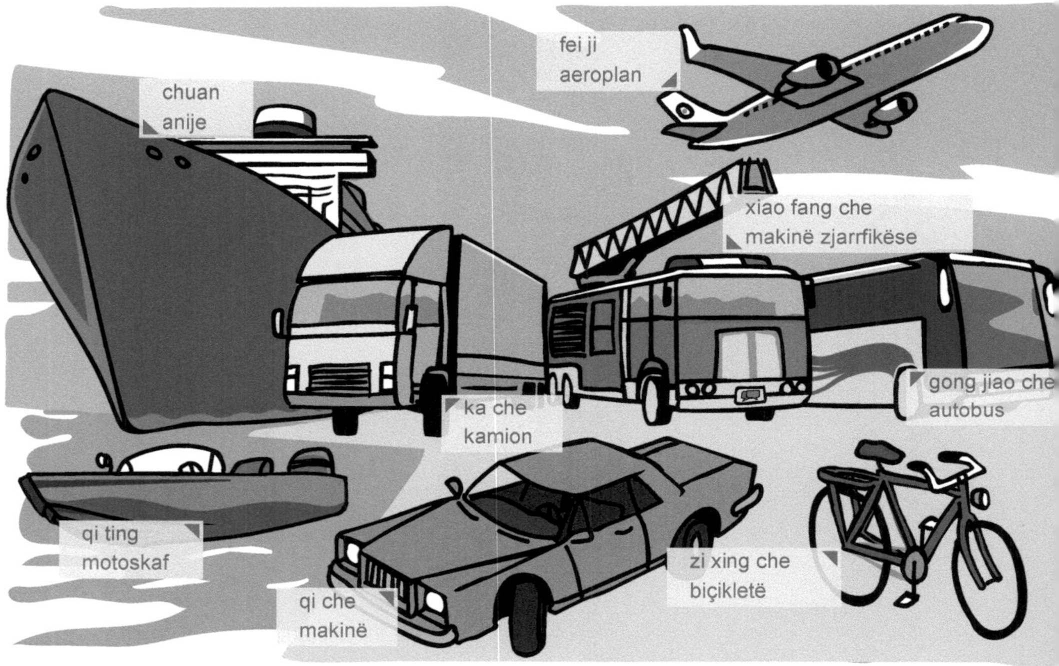
fei ji
aeroplan
chuan
anije
xiao fang che
makinë zjarrfikëse
gong jiao che
autobus
ka che
kamion
qi ting
motoskaf
zi xing che
biçikletë
qi che
makinë

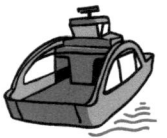

bai du chuan

traget

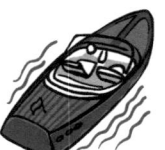

xiao chuan

varkë

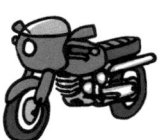

mo tuo che

motoçikletë

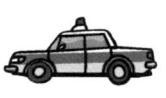

jing che

makinë policie

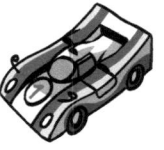

sai che

makinë garash

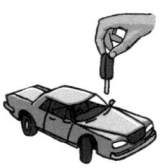

zu che

makinë me qira

pin che

ndarje e qirasë së makinës

tuo che

karroatrec

la ji che

makinë plehrash

fa dong ji

motor

qi you

benzinë

jia you zhan

pikë karburanti

jiao tong biao zhi

sinjalistikë trafiku

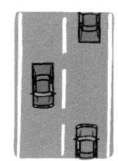

jiao tong

trafik

jiao tong du sai

bllokim trafiku

ting che chang

parkim makinash

huo che zhan

stacion treni

gui dao

trase

huo che

tren

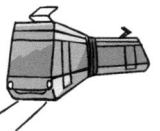

dian che

tramvaj

huo che

karro

zhi sheng ji

helikopter

ji chang

aeroport

ta

kullë

cheng ke

pasagjer

ji zhuang xiang

kontenier

zhi ban xiang

kuti kartoni

shou tui che

qerre

lan zi

shportë

qi fei/jiang luo

ngrihem / ulem

cheng shi

qytet

cun zhuang

fshat

shi zhong xin

qendra e qytetit

fang zi

shtëpi

dian ying yuan
kinema

guang gao
publicitet

lu deng
drita për ndricim rrugësh

jie dao
rrugë

chu zu che
taksi

xiao chi dian
kioskë

xing ren
këmbësorë

ren xing dao
trotuar

shi zi lu kou
kryqëzim

ban ma xian
vijat e bardha

la ji xiang
kosh plehërash

hong lü deng
semafor

xiao wu

kasolle

gong yu

apartament

huo che zhan

stacion treni

shi zheng ting

bashki

bo wu guan

muze

xue xiao

shkolla

cheng shi - qytet

da xue

universitet

yin hang

bankë

yi yuan

spital

jiu dian

hotel

yao fang

farmaci

ban gong shi

zyrë

shu dian

librari

shang dian

dyqan

hua dian

dyqan lulesh

chao shi

supermarket

shi chang

market

bai huo shang dian

mapo

yu dian

dyqan peshku

gou wu zhong xin

qëndër tregtare

hai gang

port

gong yuan

park

chang deng

stol

qiao

urë

lou ti

shkallë

di tie

metro

sui dao

tunel

gong jiao che zhan

stacion autobuzi

jiu ba

bar

can guan

restorant

you tong

kuti postare

lu biao

sinjalistikë rrugore

ting che ji shi qi

kohëmatës parkimi

dong wu yuan

kopsht zoologjik

you yong guan

pishinë

qing zhen si

xhami

nong chang
fermë

wu ran
ndotje

mu di
varrezë

jiao tang
kishë

cao chang
shesh lojërash

si miao
tempull

di xing
peisazh

shu ye
gjethe

zhi shi pai
tabela orientuese

lu
rrugë

cao di
livadh

shi tou
gurë

shu
pemë

tu bu lü xing zhe
ekskursionist

he
lumë

cao
bar

hua
lule

xia gu

luginë

shan

kodër

hu

liqen

sen lin

pyll

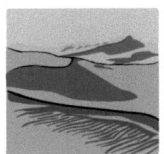

sha mo

shkretëtirë

huo shan

vullkan

cheng bao

kështjellë

cai hong

ylber

mo gu

kepudhë

zong lü shu

palmë

wen zi

mushkonjë

cang ying

mizë

ma yi

milingonë

mi feng

bletë

zhi zhu

merimangë

jia chong

brumbull

qing wa

bretkosë

song shu

ketër

ci wei

iriq

ye tu

lepur

mao tou ying

buf

niao

zog

tian e

mjellmë

ye zhu

derr i egër

lu

dre

mi lu

dre brilopatë

shui ba

digë

feng li fa dian ji

turbinë ere

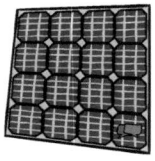

tai yang neng dian chi ban

panel diellor

qi hou

klimë

can guan
restorant

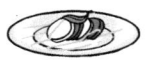

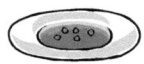

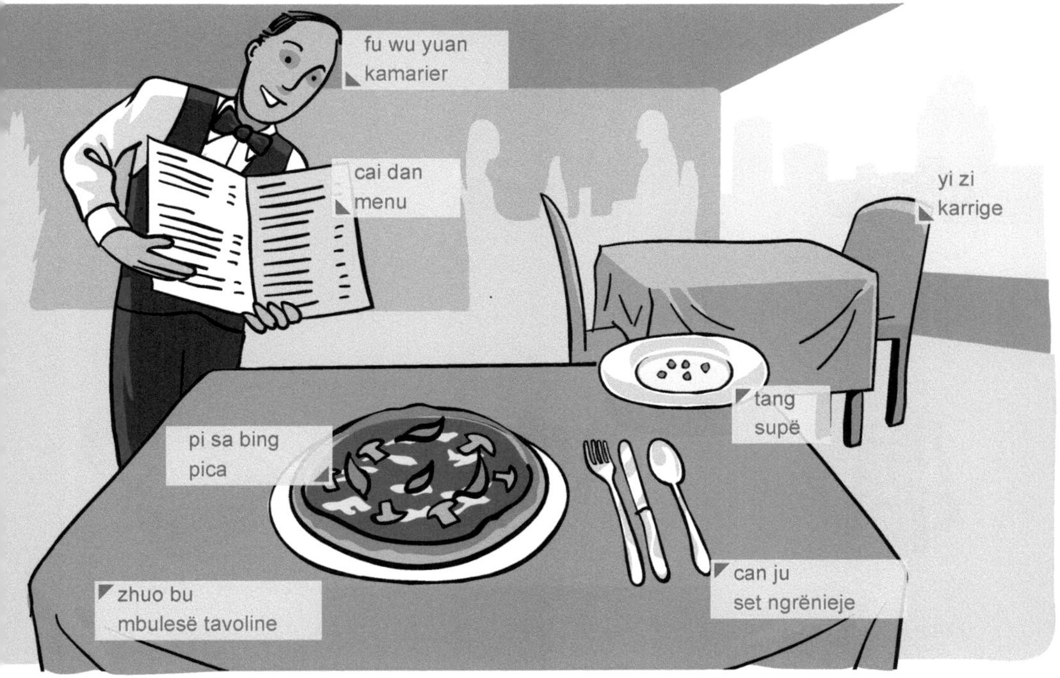
fu wu yuan
kamarier
cai dan
menu
yi zi
karrige
tang
supë
pi sa bing
pica
zhuo bu
mbulesë tavoline
can ju
set ngrënieje

qian cai

pjatë e parë

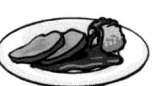

zhu cai

pjatë kryesore

tian dian

ëmbëlsirë

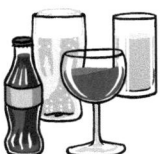

yin liao

pije

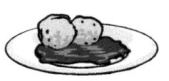

shi wu

ushqim

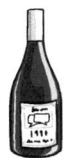

ping zi

shishe

kuai can

ushqim i shpejtë

jie bian xiao chi

ushqim i shërbyer në rrugë

cha hu

ibrik çaji

tang he

kuti sheqeri

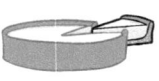

yi fen fan cai

racion

yi shi ka fei ji

makinë kafeje ekspres

gao jiao yi

karrige e lartë

zhang dan

faturë

tuo pan

tabaka

dao

thika

can cha

pirun

shao zi

lugë

cha chi

lugë çaji

can jin

pecetë

bo li bei

gotë

die zi

pjatë

tang pan

pjatë supe

die zi

pjatë filxhani

jiang

salcë

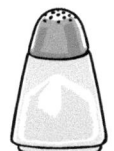

yan ping

mbajtëse kripe

hu jiao mo

mulli piperi

cu

uthull

shi yong you

vaj

tiao wei liao

erëza

fan qie jiang

keçap

jie mo

mustardë

dan huang jiang

majonezë

chao shi

supermarket

te jia
ofertë speciale
FOR
gu ke
klient
ru zhi pin
produkte bulmeti
shui guo
frut
gou wu che
karrocë pazari

BUTCHERS

rou pu

dyqan mishi

BAKERY

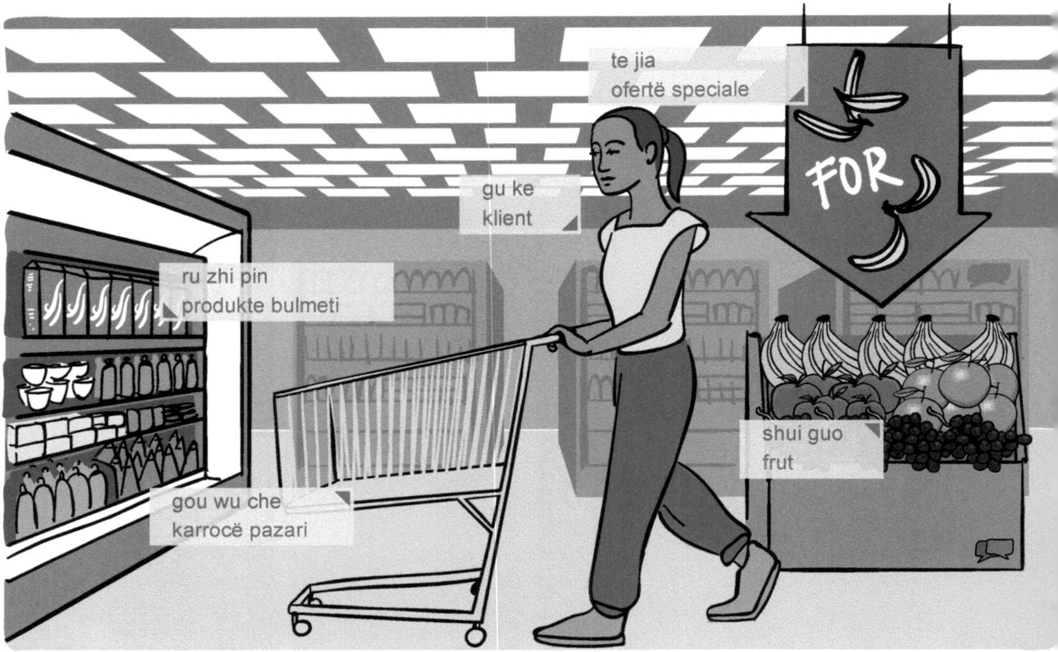

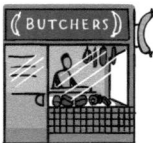

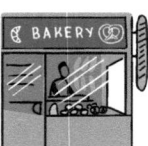

mian bao fang

furrë buke

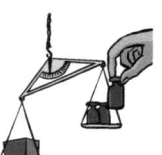

cheng zhong

peshoj

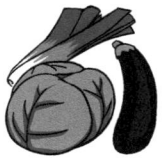

shu cai

perime

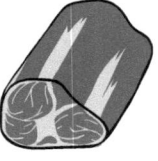

rou

mish

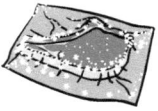

leng dong shi pin

ushqim i ngrirë

leng pan

copë

guan tou shi pin

ushqim i konservuar

xi yi fen

pluhur larës

tian shi

ëmbëlsirat

ri yong pin

prodhime shtëpie

qing jie yong pin

produkte pastrimi

xiao shou yuan

shitëse

shou yin ji

kasë fiskale

shou yin yuan

arkëtar

gou wu qing dan

listë blerjeje

kai fang shi jian

oraret e punës

qian bao

portofol

xin yong ka

kartë krediti

dai zi

çantë

su liao dai

qese plastike

shui

ujë

guo zhi

lëng frutash

niu nai

qumësht

ke le

koka-kola

hong jiu

verë

pi jiu

birrë

jiu

alkool

ke ke

kakao

cha

çaj

ka fei

kafe

yi shi nong suo ka fei

kafe ekspres

ka bu qi nuo

kapuçino

xiang jiao

banane

ping guo

mollë

cheng zi

portokalle

xi gua

pjepër

ning meng

limon

hu luo bo

karrotë

da suan

hudhër

zhu zi

bambu

yang cong

qepë

mo gu

kërpudha

jian guo

arra

mian tiao

makarona

yi da li mian tiao

spageti

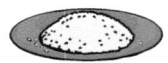

mi fan

oriz

sha la

sallatë

shu tiao

patate të skuqura

zha tu dou

patate të skuqura

pi sa bing

pica

han bao bao

hamburger

san ming zhi

sanduiç

zha zhu pai

shnicel

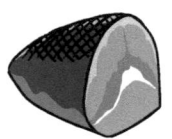

huo tui

proshutë

sa la mi

sallam

xiang chang

salçiçe

ji rou

pulë

kao rou

skuq

yu

peshk

yan mai pian

tërshërë

mu zi li

drithëra

yu mi pian

kornfleiks

mian fen

miell

yang jiao mian bao

kruasant

mian bao juan

panine

mian bao

bukë

kao mian bao

tost

bing gan

biskotë

huang you

gjalp

ning ru

gjizë

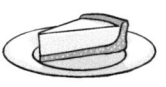

dan gao

tortë

dan

vezë

jian dan

vezë sy

nai lao

djathë

bing ji lin

akullore

tang

sheqer

feng mi

mjaltë

guo jiang

marmaladë

qiao ke li jiang

çokokrem

ga li fan

këri

nong chang
fermë

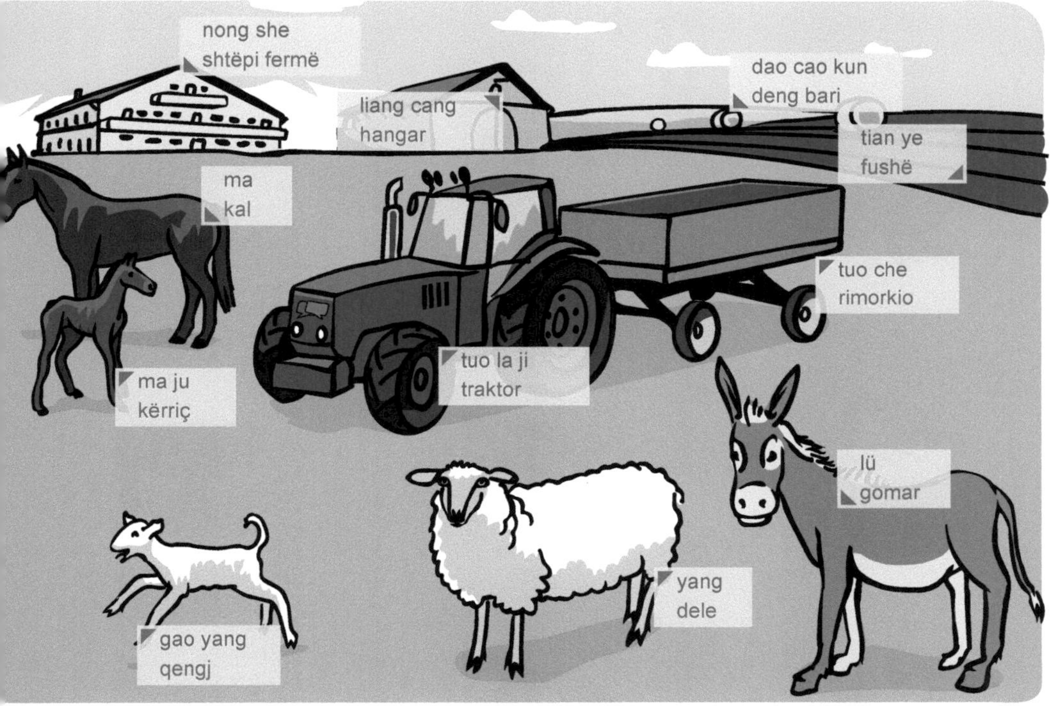
nong she
shtëpi fermë
liang cang
hangar
dao cao kun
deng bari
tian ye
fushë
ma
kal
tuo che
rimorkio
ma ju
kërriç
tuo la ji
traktor
lü
gomar
yang
dele
gao yang
qengj

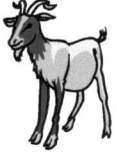

shan yang

dhi

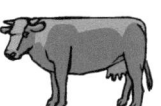

nai niu

lopë

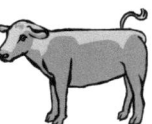

niu du

viç

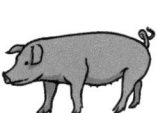

zhu

derr

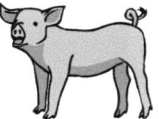

xiao zhu

derrkuc

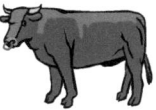

gong niu

dem

e
patë

ya
rosë

xiao ji
zog pule

mu ji
pulë

gong ji
gjel

shu
mi

mao
mace

lao shu
mi

niu
buall

gou
qen

gou wu
kolibe qeni

hua yuan jiao shui ruan guan
zorrë vaditëse

sa shui hu
vaditëse

chang bing da lian dao
kosë

li
plug

lian dao

drapër

chu tou

shat

chang bing cao pa

kosa

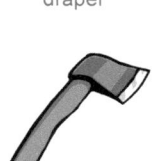

fu tou

sëpatë

du lun shou tui che

karrocë

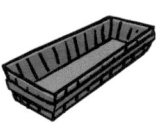

si liao cao

govatë

niu nai guan

bidon qumështi

ma bu dai

thes

zha lan

gardh

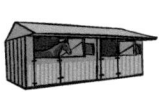

ma jiu

ahur

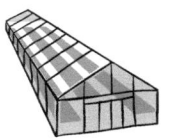

wen shi

serë

tu rang

dhe

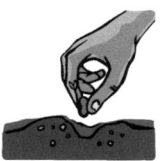

zhong zi

farë

fei liao

pleh

lian he shou ge ji

autokombanjë

shou ge

korr

shou ge

te korrat

shan yao

patate e ëmbël "Yam"

xiao mai

grurë

da dou

soja

tu dou

patate

yu mi

misër

you cai zi

raps

guo shu

pemë frutore

shu shu

zhardhok manioku

gu wu

drithëra

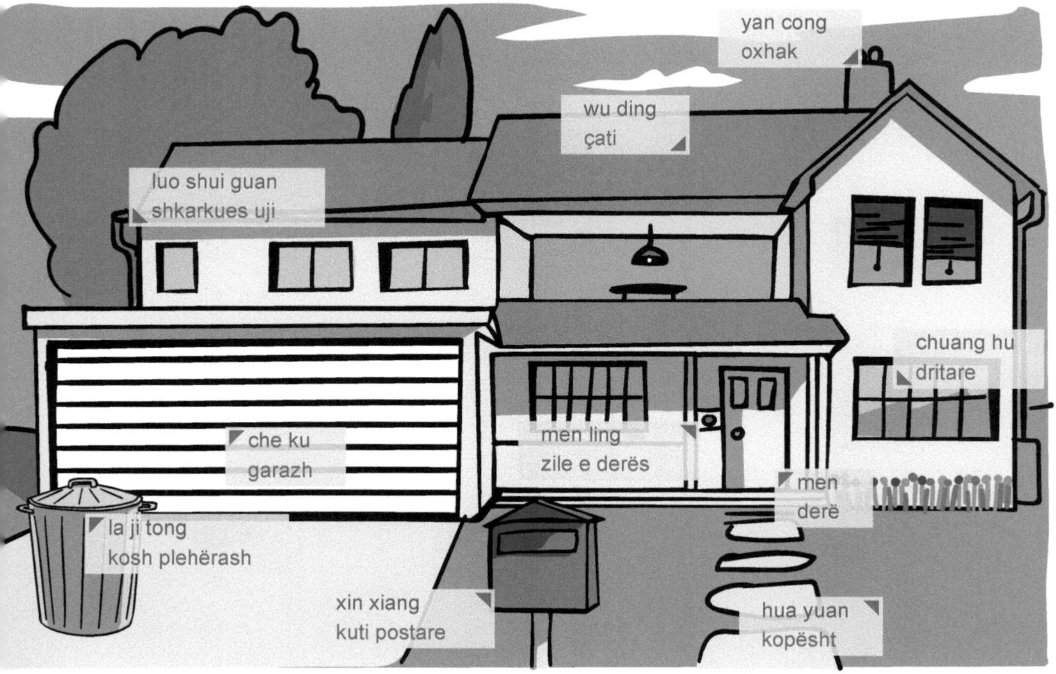

yan cong
oxhak

wu ding
çati

luo shui guan
shkarkues uji

chuang hu
dritare

che ku
garazh

men ling
zile e derës

men
derë

la ji tong
kosh plehërash

xin xiang
kuti postare

hua yuan
kopësht

ke ting

dhomë ndenjeje

yu shi

tualet

chu fang

kuzhinë

wo shi

dhomë gjumi

er tong fang

dhomë fëmijësh

can ting

dhomë ngrënieje

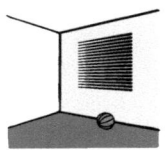

di ban

dysheme

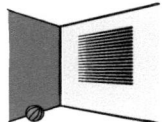

qiang bi

mur

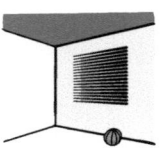

diao ding

tavan

di jiao

bodrum

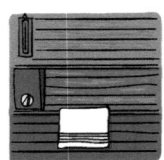

sang na

sauna

yang tai

ballkon

lu tai

tarracë

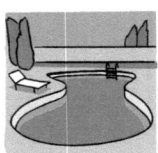

you yong chi

pishinë

ge cao ji

kositëse bari

bei dan

çarçaf

chuang zhao

kuvertë

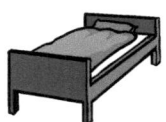

chuang

krevat

sao zhou

fshesë dore

shui tong

kovë

kai guan

çelës

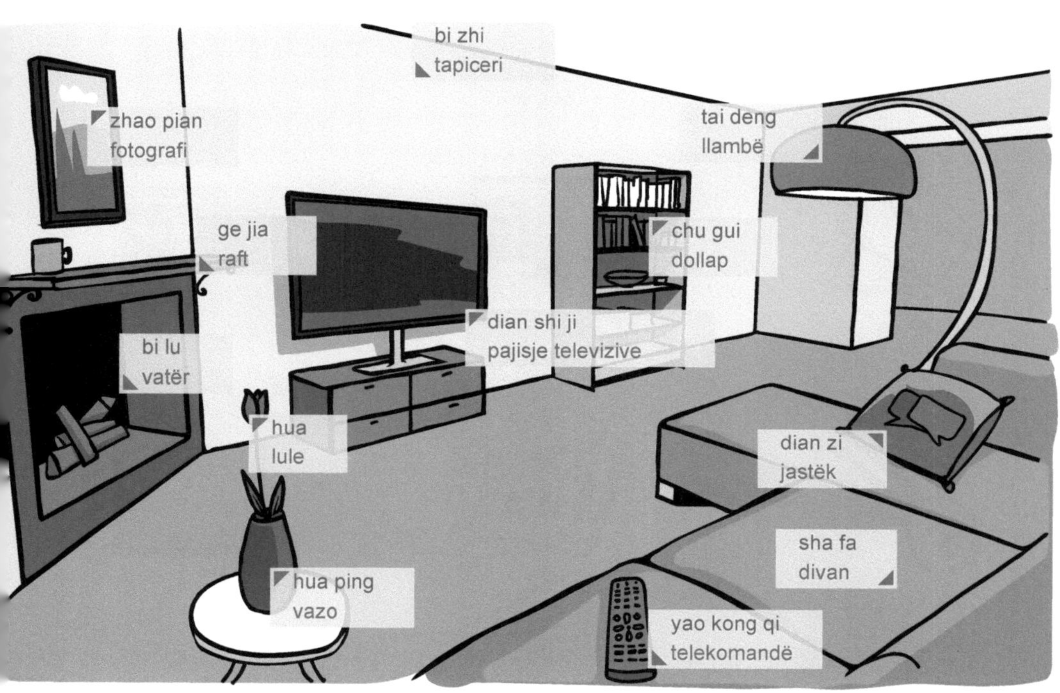

bi zhi
tapiceri

zhao pian
fotografi

tai deng
llambë

ge jia
raft

chu gui
dollap

dian shi ji
pajisje televizive

bi lu
vatër

hua
lule

dian zi
jastëk

sha fa
divan

hua ping
vazo

yao kong qi
telekomandë

di tan

qilim

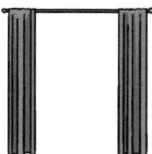

chuang lian

perde

can zhuo

tavolinë

yi zi

karrige

yao yi

karrige lëkundëse

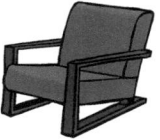

fu shou yi

kolltuk

shu

libri

tan zi

batanije

zhuang shi pin

zbukurime

mu chai

dru zjarri

dian ying

film

gao bao zhen yin xiang

stereo

yao shi

çelës

bao zhi

gazetë

you hua

pikturë

hai bao

afishe

shou yin ji

radio

bi ji ben

bllok shënimesh

xi chen qi

fshesë me korent

xian ren zhang

kaktus

la zhu

qiri

chu fang
kuzhinë

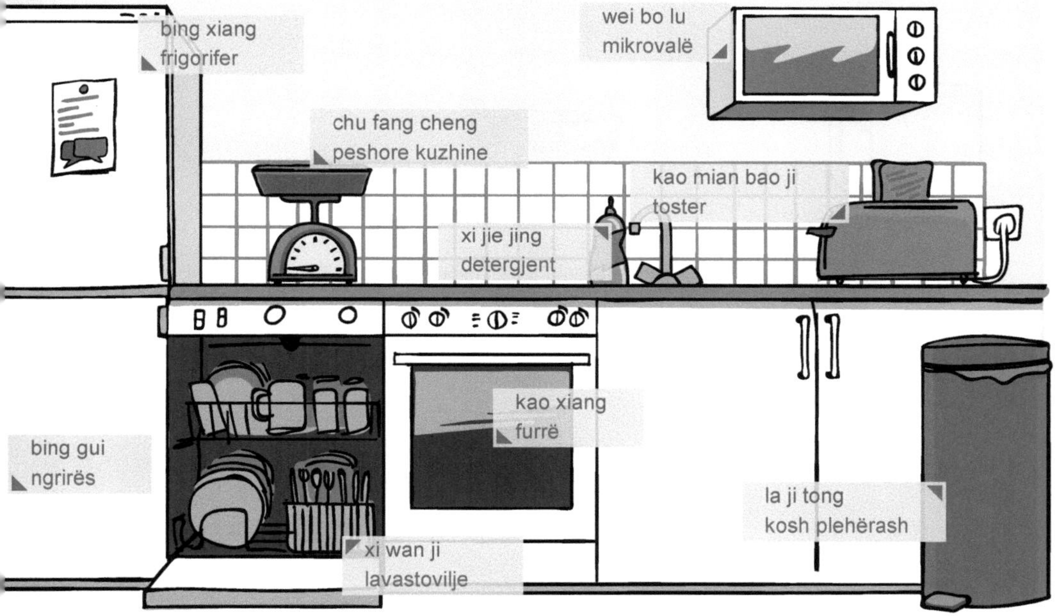

bing xiang
frigorifer
wei bo lu
mikrovalë
chu fang cheng
peshore kuzhine
kao mian bao ji
toster
xi jie jing
detergjent
kao xiang
furrë
bing gui
ngrirës
la ji tong
kosh plehërash
xi wan ji
lavastovilje

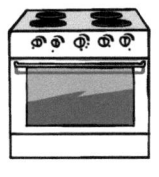

chui ju

sobë

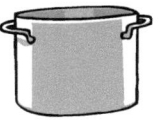

guo

tenxhere

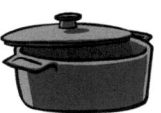

zhu tie guo

tenxhere me kapak

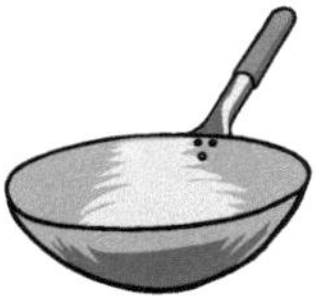

sha guo

tigan special (Wok)

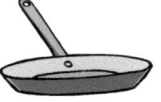

ping di guo

tigan

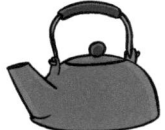

shui hu

çajnik

zheng guo

tenxhere me avull

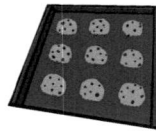

kao pan

tavë pjekjeje

tao ci guo

enë

ma ke bei

filxhan

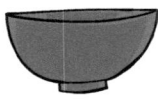

wan

tas

kuai zi

shkopinj

chang bing shao

garuzhde

chan zi

spatul

jiao ban qi

tel kuzhine

lü wang

kulluese

shai zi

sitë

mo sui ji

rende

yan bo

havan

shao kao

skarë

ming huo

zjarr

cai ban

dërrasë për prerje

gan mian zhang

okllai

kai ping qi

heqëse tapash

guan zi

kanaçe

kai ping qi

hapëse kanaçeje

ge re shou tao

rrobë për të kapur
tenxheren

shui cao

lavaman

shua zi

furçë

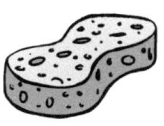

hai mian

sfungjer

jiao ban ji

përzjerës

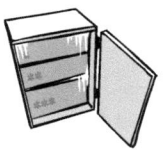

leng cang xiang

ngrirës

nai ping

biberon për lëngje

shui long tou

rubinet

yu shi
tualet

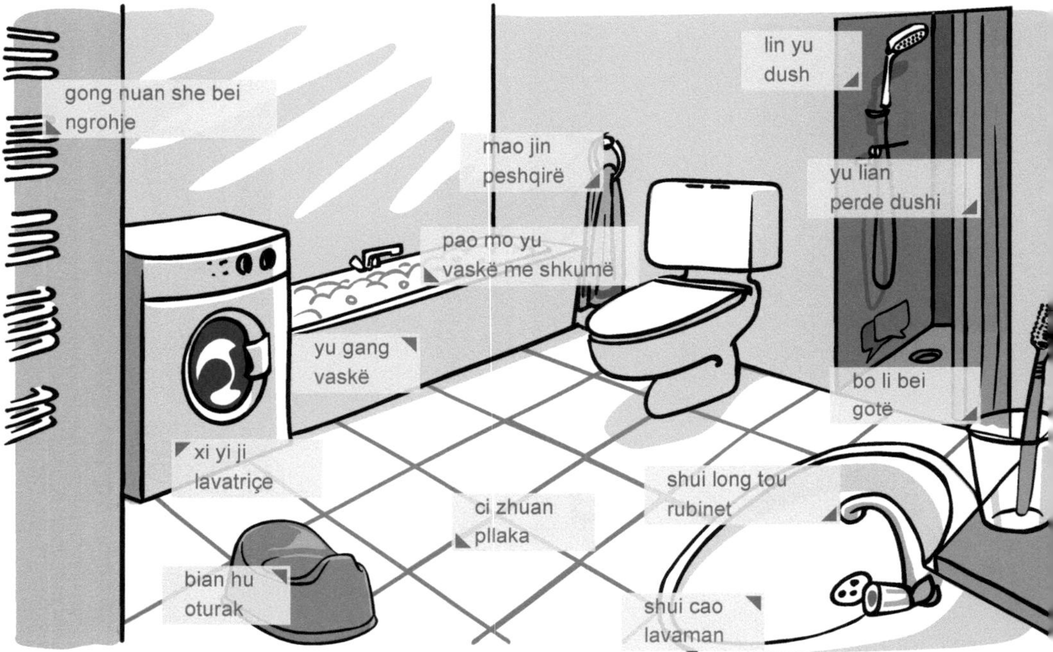

gong nuan she bei
ngrohje
lin yu
dush
mao jin
peshqirë
yu lian
perde dushi
pao mo yu
vaskë me shkumë
yu gang
vaskë
bo li bei
gotë
xi yi ji
lavatriçe
shui long tou
rubinet
ci zhuan
pllaka
bian hu
oturak
shui cao
lavaman

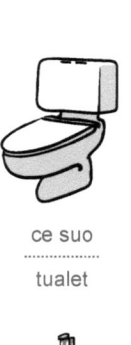

ce suo
tualet

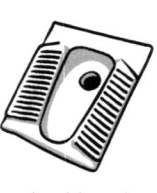

dun bian qi
WC e sheshtë

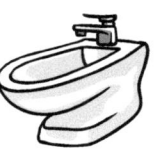

zuo yu qi
bide

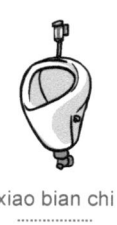

xiao bian chi
tualet publik

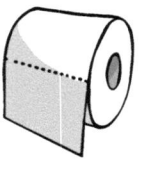

ce zhi
letër higjienike

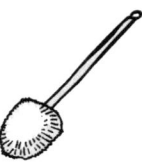

ma tong shua
furçe për WC

ya shua

furçë dhëmbësh

ya gao

pastë dhëmbësh

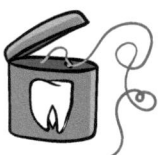

ya xian

fije dentare

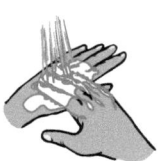

xi

laj

shou chi shi pen lin tou

dorezë dushi

chong xi qi

larës për zonën intime

xi lian pen

legen

ca bei shua

furçë për masazh shpine

fei zao

sapun

mu yu lu

shampo trupi

xi fa shui

shampo

fa lan rong

leckë pastruese

pai shui

kullues

ru shuang

krem

chu chou ji

antidjersë

jing zi

pasqyrë

shou jing

pasqyrë dore

ti xu dao

brisk rroje

ti xu pao mo

shkumë rroje

xu hou shui

locion pas rrojes

shu zi

krehër

shua zi

furçë

chui feng ji

tharëse flokësh

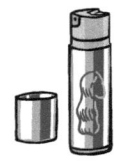

pen fa ding xing ji

llak për flokët

hua zhuang pin

grim

chun gao

buzëkuq

zhi jia you

manikyr

hua zhuang mian

mbushje pambuku

zhi jia jian

gërshërë për thonj

xiang shui

parfum

xi shu bao

antë për sendet personale

deng zi

Stol

ji zhong cheng

peshore

yu pao

robëdëshambër

xiang jiao shou tao

dorashka gome

wei sheng mian tiao

tampon

wei sheng jin

peceta higjienike

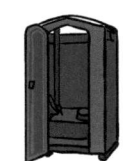

hua xue ce suo

tualet I lëvizshëm

er tong fang
dhomë fëmijësh

nao zhong
orë me zile
mao rong wan ju
lodra me pellushë
wan ju che
makinë lodër
bo lang gu
rraketake
wan ju wu
shtëpi kukullash
li wu
dhuratë

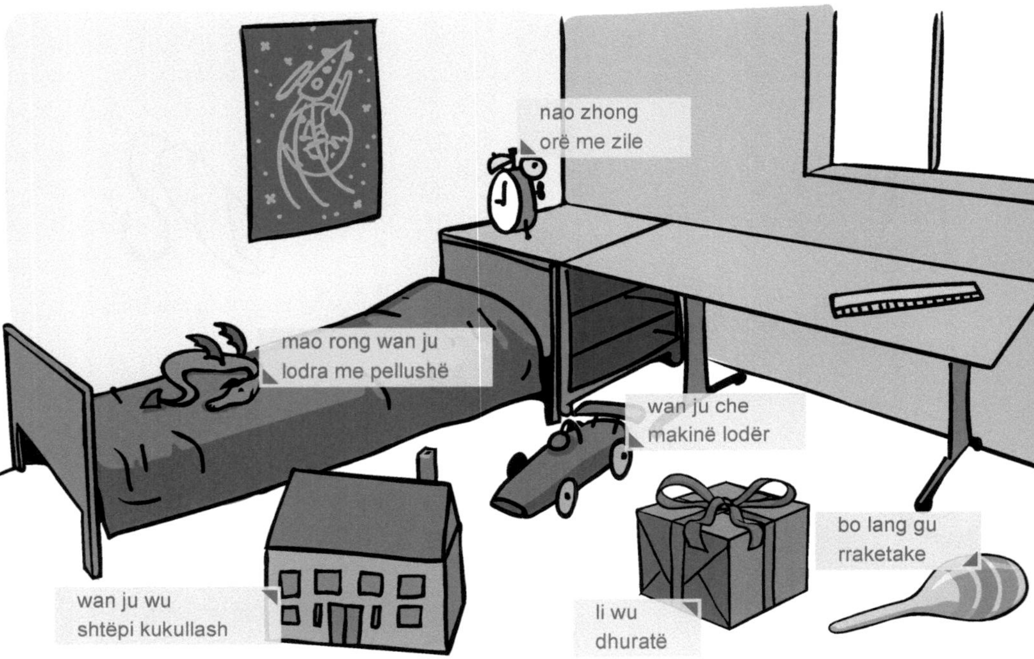

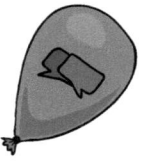

qi qiu

tollumbace

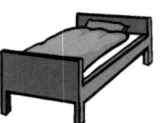

chuang

krevat

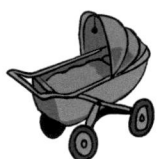

(yang wa wa yong)ying er che

karrocë fëmijësh

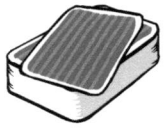

pu ke pai

lojë me letra

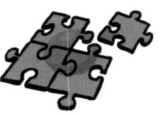

pin tu

bashkim pjesësh me figura

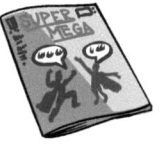

man hua

komik

le gao ji mu

formuese lodër

ji mu wan ju

kuba plastikë

wan ju ren

lodra

ying er fu

badi

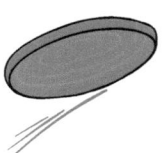

fei pan

frizbi

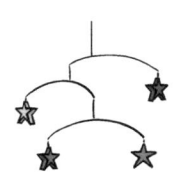

chuang ling wan ju

lodra të varura tek krevati i fëmijëve

qi pan you xi

tavolinë lojërash

shai zi

zare

huo che mo xing

model treni

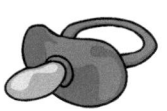

an fu nai zui

biberon

ju hui

festë

hui ben

libër me ilustrime

qiu

top

yang wa wa

kukull

wan

luaj

sha keng

grumbull rëre

qiu qian

kolovarëse

wan ju

lodra

you xi ji

leva për lojra video

san lun che

triçikël

tai di xiong

arush prej pellushi

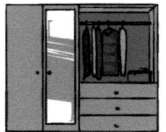

yi chu

garderobë

yi fu
veshje

wa zi

çorape

chang wa

çorape të gjata

jin shen ku

geta

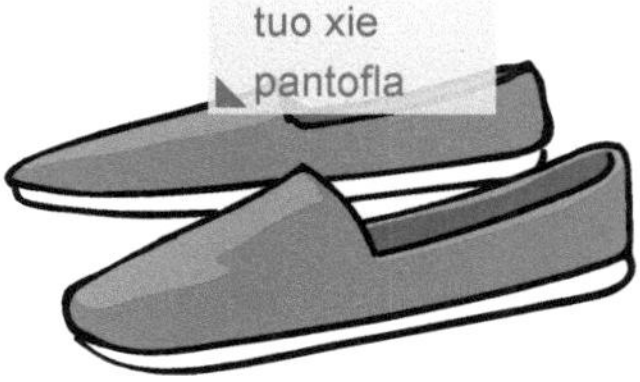

wei jin
shall

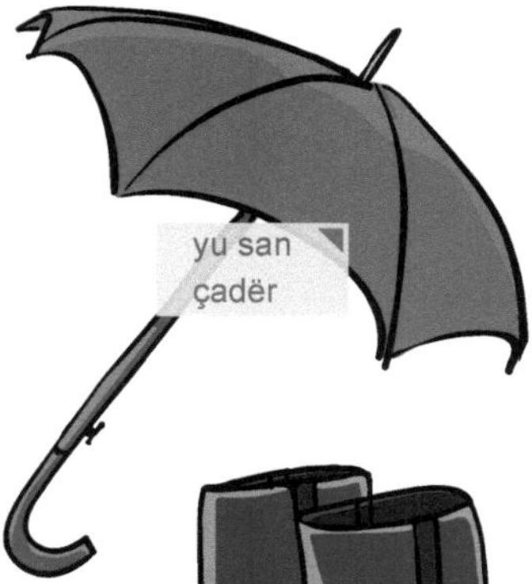

yu san
çadër

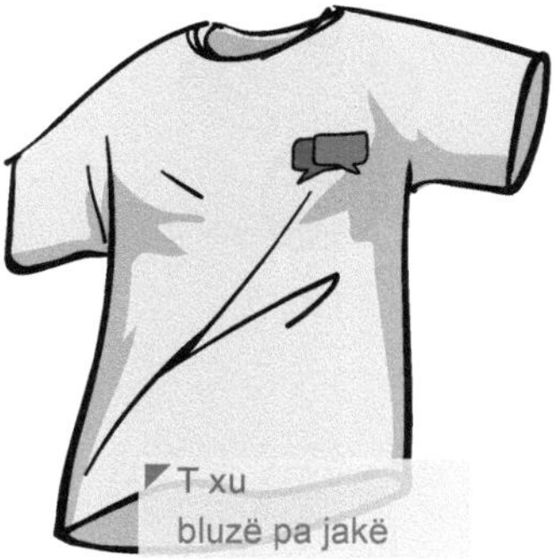

T xu
bluzë pa jakë

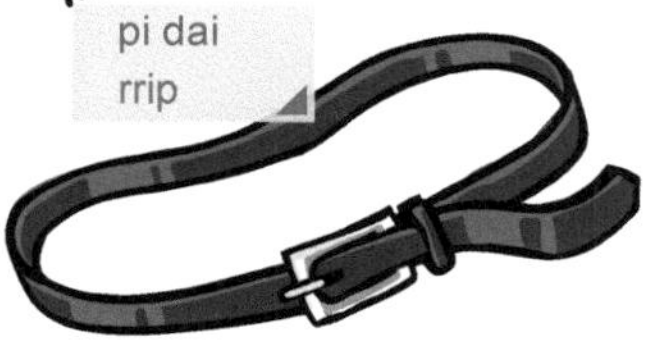

pi dai
rrip

xue zi
çizme

tuo xie
pantofla

yun dong xie
atlete

liang xie

sandale

xie

këpucë

yu xue

çizme llastiku

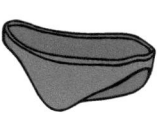

nei ku

të mbathura

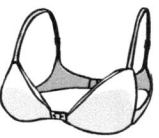

xiong zhao

reçipeta

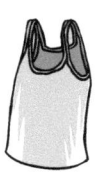

bei xin

kanotierë

shen ti

trup

ku zi

pantallona

niu zai ku

xhinse

duan qun

fund

nü shi chen shan

bluzë

chen shan

këmishë

tao tou shan

pulovër

wei yi

triko

xi zhuang jia ke

xhaketë

jia ke

xhaketë

wai tao

pallto

yu yi

mushama shiu

tao zhuang

kostum

lian yi qun

fustan

hun sha

fustan nusërie

xi zhuang

kostum

shui pao

këmishë nate

shui yi

pizhama

sha li

sari (veshje tradicionale indiane)

tou jin

shami koke

bao tou jin

çallmë

bo ka

veshje për femrat e besimit musliman

ka fu tan

kaftan (lloj veshjeje tradicionale)

(a la bo shi)chang pao

ferexhe

yong yi

kostum banje

nan shi yong ku

rroba banje

duan ku

pantallona të shkurtra

yun dong fu

tuta sporti

wei qun

përparëse

shou tao

dorashka

yi fu - veshje

niu kou

kopsë

yan jing

syze

shou lian

byzylyk

xiang lian

gjerdan

jie zhi

unazë

er huan

vath

bian mao

kapuç

yi jia

varëse për pallto

mao zi

kapele

ling dai

kravatë

la lian

zinxhir

tou kui

helmetë

bei dai

tiranda

xiao fu

uniformë shkolle

zhi fu

uniformë

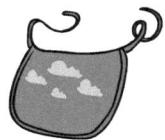

wei dou

gushore

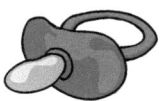

an fu nai zui

biberon

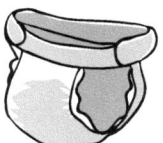

niao bu shi

pelenë

ban gong shi

zyrë

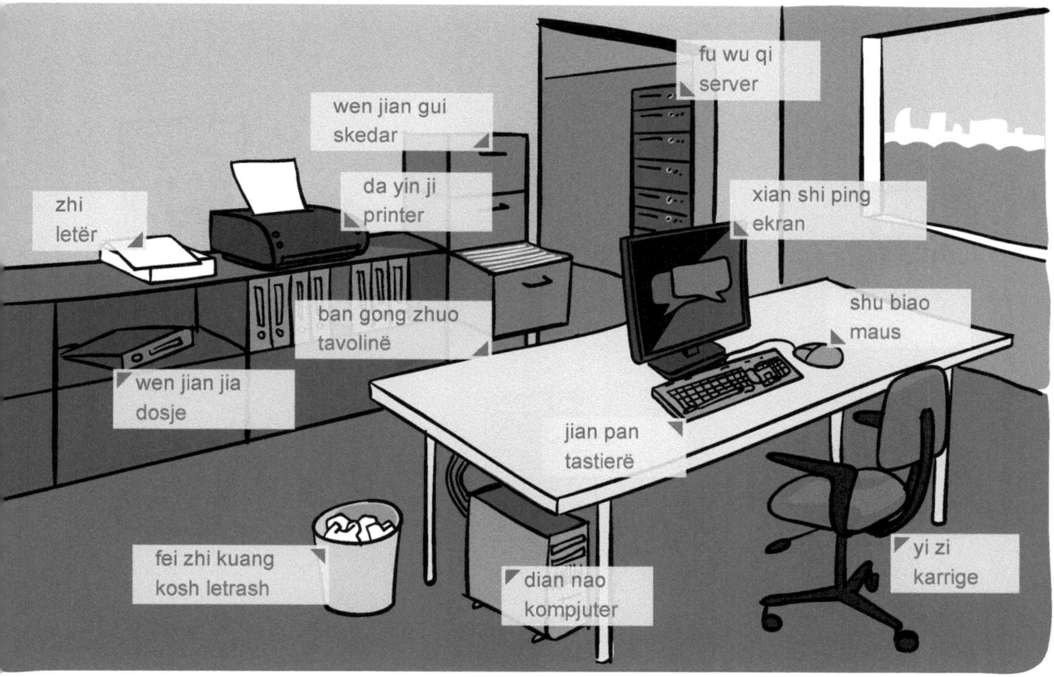

fu wu qi
server
wen jian gui
skedar
da yin ji
printer
zhi
letër
xian shi ping
ekran
shu biao
maus
ban gong zhuo
tavolinë
wen jian jia
dosje
jian pan
tastierë
fei zhi kuang
kosh letrash
dian nao
kompjuter
yi zi
karrige

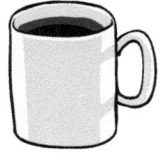

ka fei bei

filxhan kafeje

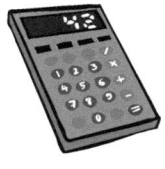

ji suan qi

makinë llogaritëse

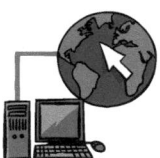

yin te wang

internet

bi ji ben dian nao

kompjuter portativ

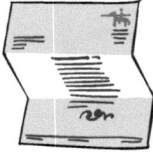

xin jian

letër

xiao xi

mesazh

shou ji

telefon

wang luo

rrjet

fu yin ji

fotokopje

ruan jian

program

dian hua

telefon

cha zuo

prizë

chuan zhen ji

pajisje faksi

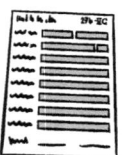

biao ge

formular

wen jian

dokument

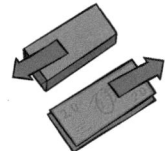

mai
....
blej

fu qian
....
paguaj

jiao yi
....
tregtoj

xian jin
....
para

mei yuan
....
dollar

ou yuan
....
euro

ri yuan
....
jen

lu bu
....
rubla

rui shi fa lang
....
franga zvicerane

ren min bi
....
juani kinez

lu bi
....
rupje

ti kuan chu
....
bankomat

wai bi dui huan chu

pikë këmbimi valutor

jin

ar

yin

argjend

shi you

nafta

neng yuan

energji

jia ge

çmim

he tong

kontratë

shui jin

taksë

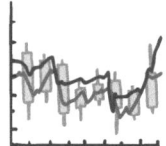

gu piao

aksione

gong zuo

punoj

zhi yuan

punonjës

lao ban

punëdhënës

gong chang

fabrikë

shang dian

dyqan

zhi ye
profesionet

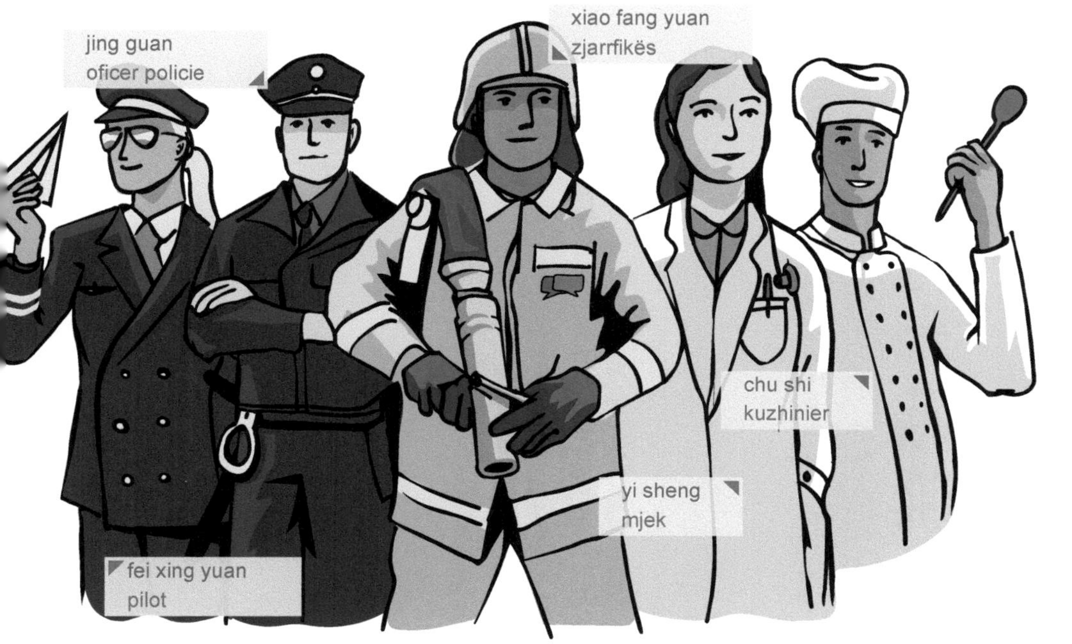
jing guan
oficer policie
xiao fang yuan
zjarrfikës
chu shi
kuzhinier
yi sheng
mjek
fei xing yuan
pilot

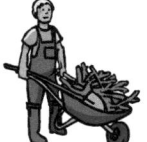

yuan ding

kopshtar

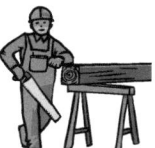

mu jiang

marangoz

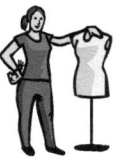

cai feng

rrobaqepëse

fa guan

gjykatës

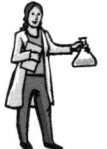

hua xue jia

kimist

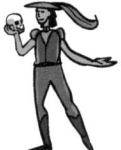

yan yuan

aktor

gong jiao che si ji

shofer autobuzi

chu zu che si ji

taksist

yu fu

peshkatar

qing jie nü gong

pastruese

wu ding gong

riparues çatish

fu wu yuan

kamarier

lie ren

gjuetar

hua jia

piktor

mian bao shi

furrxhi

dian gong

elektriçist

jian zhu gong ren

ndërtues

gong cheng shi

inxhinier

tu fu

kasap

shui guan gong

hidraulik

you di yuan

postieri

shi bing

ushtar

jian zhu shi

arkitekt

shou yin yuan

arkëtar

hua nong

luleshitës

li fa shi

berber

shou piao yuan

kontrollor

ji xie shi

mekanik

chuan zhang

kapiten

ya yi

dentist

ke xue jia

shkencëtar

la bi

rabin

yi ma mu

imam

he shang

murg

mu shi

klerik

gong ju
mjete

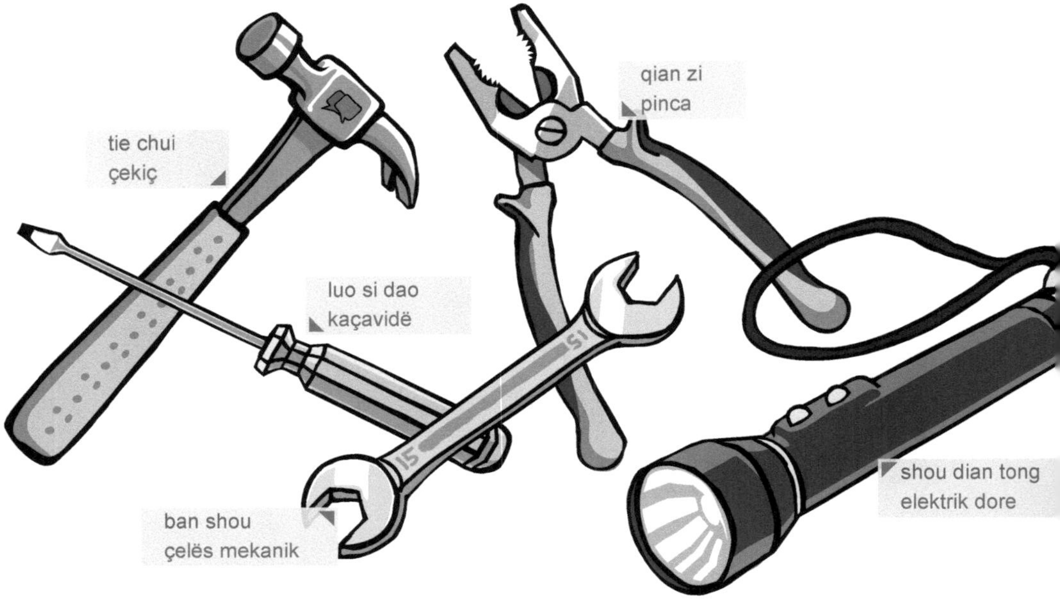
qian zi
pinca
tie chui
çekiç
luo si dao
kaçavidë
shou dian tong
elektrik dore
ban shou
çelës mekanik

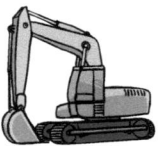

wa jue ji

ekskavator

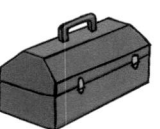

gong ju xiang

kuti veglash

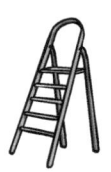

ti zi

shkallë

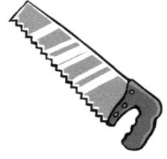

ju zi

sharrë

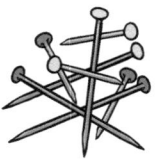

ding zi

gozhdë

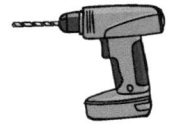

zuan ji

trapan

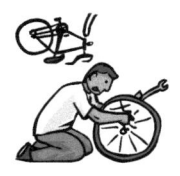

xiu

riparoj

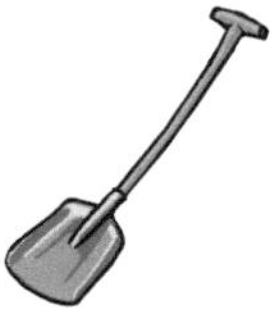

chan zi

lopatë

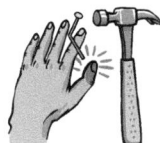

kao!

Dreq!

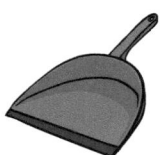

bo ji

kaci

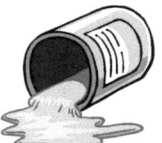

you qi tong

kuti boje

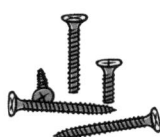

luo si

vidhë

yue qi
instrumenta muzikorë

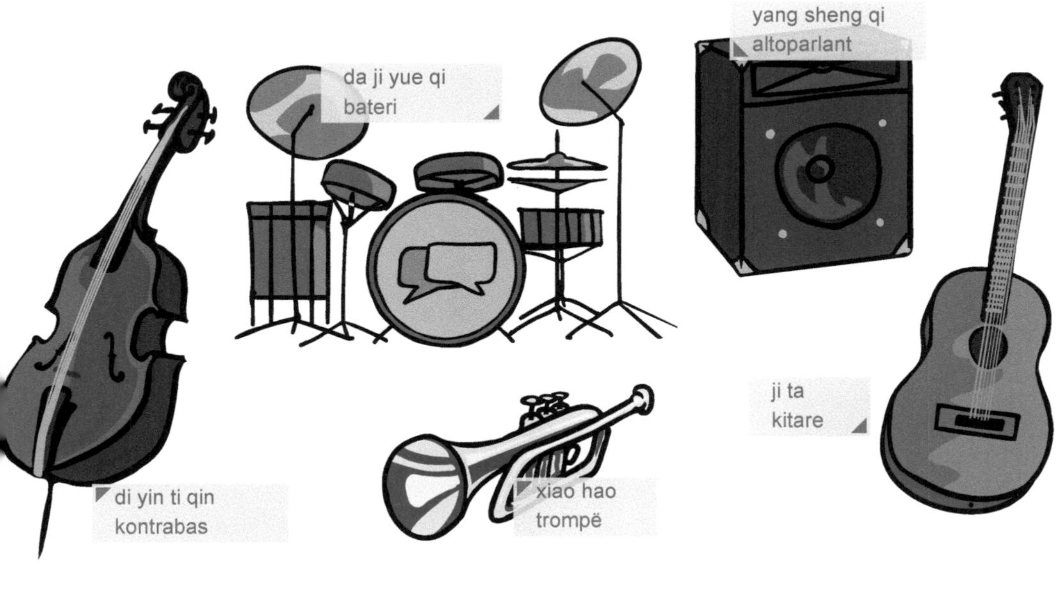
yang sheng qi
altoparlant
da ji yue qi
bateri
ji ta
kitare
di yin ti qin
kontrabas
xiao hao
trompë

gang qin

piano

xiao ti qin

violinë

bei si

bas

ding yin gu

tamburë

gu

daulle

dian zi qin

tastierë pianoje

sa ke si guan

saksofon

chang di

flaut

mai ke feng

mikrofon

dong wu yuan
kopsht zoologjik

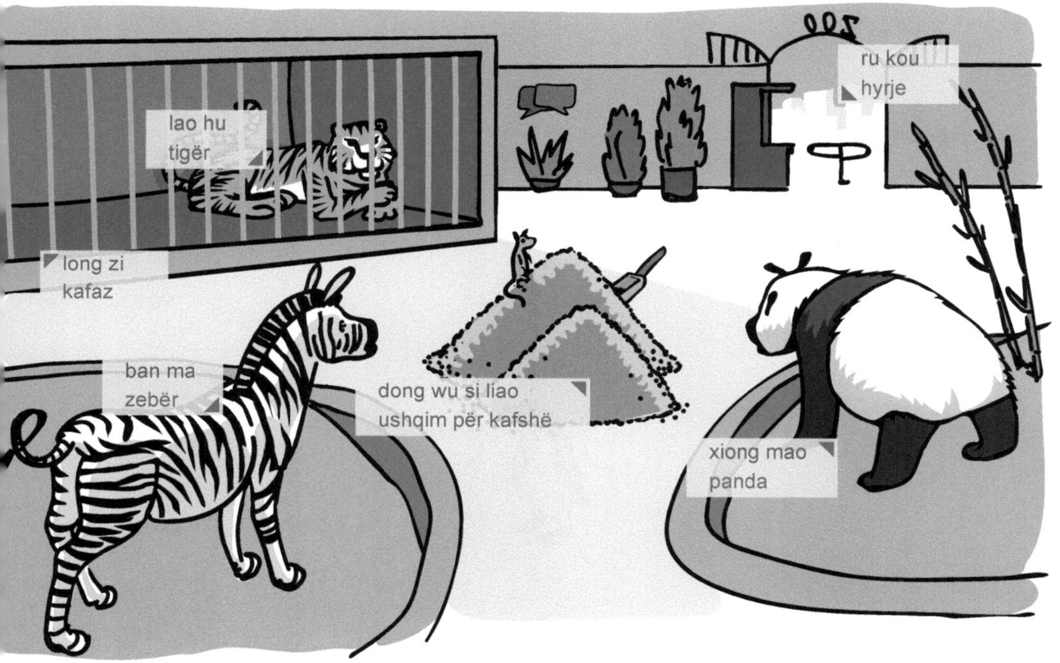

lao hu
tigër
ru kou
hyrje
long zi
kafaz
ban ma
zebër
dong wu si liao
ushqim për kafshë
xiong mao
panda

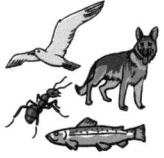

dong wu

kafshë

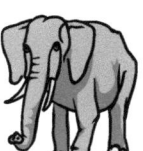

da xiang

elefant

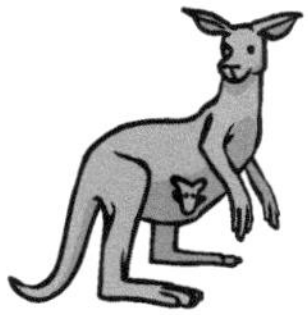

dai shu

kangur

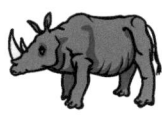

xi niu

rinoceront

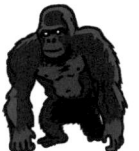

da xing xing

gorillë

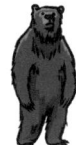

xiong

ari

luo tuo

deve

tuo niao

struc

shi zi

luan

hou zi

majmun

huo lie niao

flamingo

ying wu

papagall

bei ji xiong

ari polar

qi e

pinguin

sha yu

peshkaqen

kong que

pallua

she

gjarpër

e yu

krokodil

dong wu yuan guan li yuan

punonjës i kopshtit zoologjik

hai bao

fokë

mei zhou bao

xhaguar

ai zhong ma

poni

bao

leopard

he ma

hipopotam

chang jing lu

gjirafë

lao ying

shqiponjë

ye zhu

derr i egër

yu

peshk

gui

breshkë

hai xiang

lopë deti

hu li

dhelpër

ling yang

gazelë

gan lan qiu
futboll amerikan

qi zi xing che
çiklizëm

wang qiu
tenis

lan qiu
basketboll

you yong
not

quan ji
boks

bing qiu
hokej mbi akull

ying shi zu qiu

futboll

yu mao qiu

badminton

tian jing

atletikë

shou qiu

hendboll

hua xue

ski

ma qiu

polo

tiao
hidhem

yong bao
përqafoj

xiao
qesh

zou lu
eci

chang
këndoj

zuo meng
ënderroj

qi dao
lutem

qin wen
puth

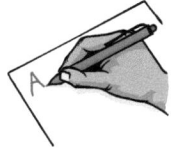

shu xie

shkruaj

hua

vizatoj

zhan shi

tregoj

tui

shtyj

gei

jap

na

marr

you
kam

zuo
bëj

dang
jam

zhan
qëndroj

pao
vrapoj

la
tërheq

reng
hedh

shuai dao
bie

tang
shtrihem

deng dai
pres

xie dai
mbaj

zuo
ulem

chuan yi
vishem

shui jiao
fle

xing lai
zgjohem

kan

shikoj

ku

qaj

fu mo

përkëdhel

shu tou

kreh

jiao tan

bisedoj

ming bai

kuptoj

wen

kërkoj

ting

dëgjoj

he

pi

chi

ha

qing li

sistemoj

ai

dashuroj

zuo fan

gatuaj

kai che

drejtoj makinën

fei

fluturoj

hang xing

lundroj

ji suan

llogaris

du

lexoj

xue xi

mësoj

gong zuo

punoj

jie hun

martohem

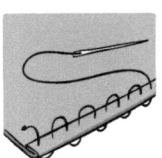

feng

qep

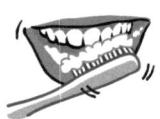

shua ya

laj dhëmbët

sha

vras

chou yan

tymos

ji

dërgoj

zu mu
gjyshe

zu fu
gjysh

fu qin
baba

mu qin
nënë

ying tong
bebe

nü er
vajzë

er zi
djalë

ke ren

mysafir

a yi

teze, hallë

shu shu

dajë, xhaxha

xiong di

vëlla

jie mei

motër

shen ti

trupi

qian e
balli
yan jing
syri
lian
fytyra
xia ba
mjekra
ru fang
krahërori
shou zhi
gishti
shou
dora
shou bi
krahu
jian bang
shpatulla
tui
këmba

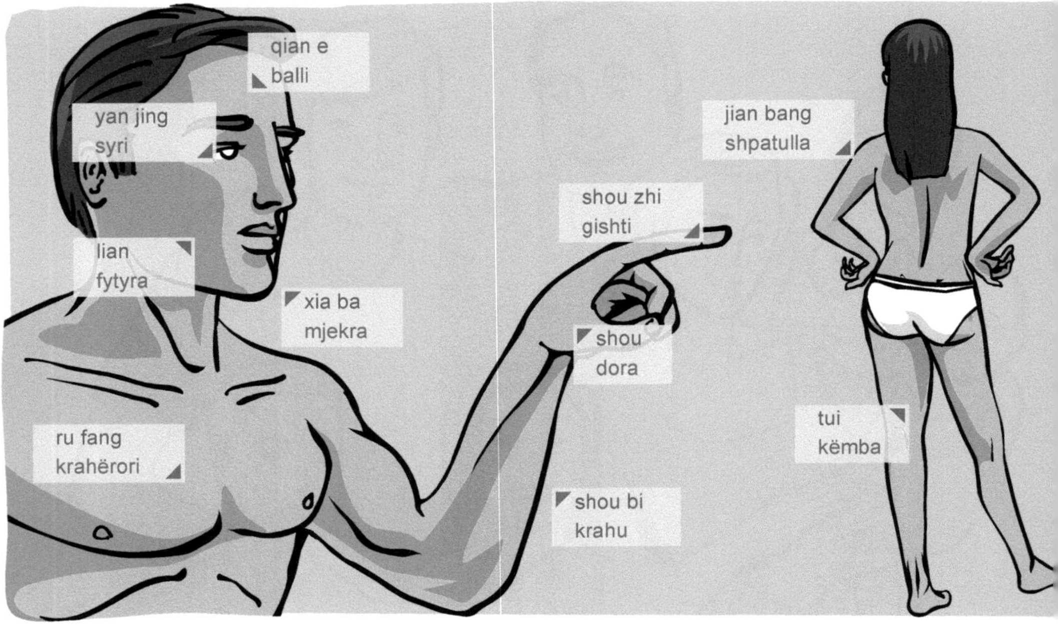

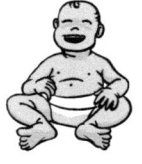

ying tong
bebe

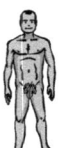

nan ren
burrë

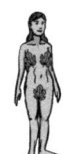

nü ren
grua

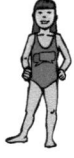

nü hai
vajzë

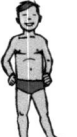

nan hai
djalë

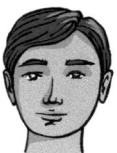

tou
koka

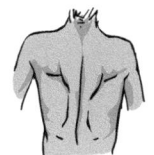

bei bu

shpina

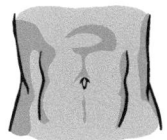

du zi

barku

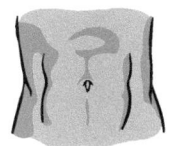

du qi

kërthiza

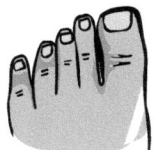

jiao zhi

gisht këmbe

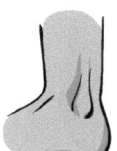

jiao hou gen

Thembra

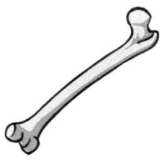

gu tou

kockë

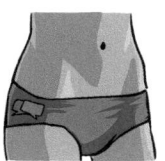

tun bu

legeni

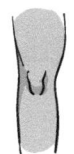

xi gai

gjuri

shou zhou

bërryli

bi zi

hunda

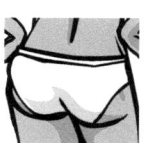

pi gu

vithe

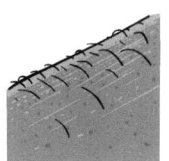

pi fu

lëkura

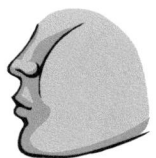

lian jia

faqja

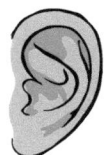

er duo

veshi

zui chun

buza

zui

goja

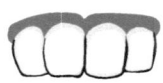

ya chi

dhëmbët

she tou

gjuha

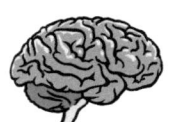

nao

truri

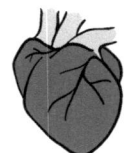

xin zang

zemra

ji rou

muskul

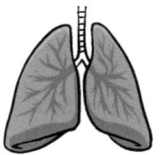

fei

mushkëria

gan zang

mëlçia

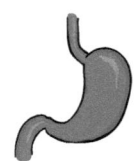

wei

stomaku

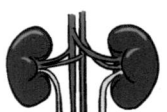

shen zang

veshka

xing jiao

seks

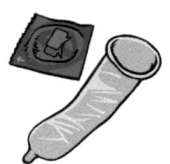

bi yun tao

prezervativ

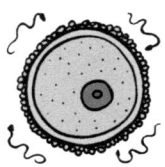

luan zi

veza

jing zi

sperma

huai yun

shtatëzani

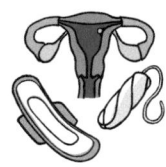

yue jing

menstruacione

yin dao

vagina

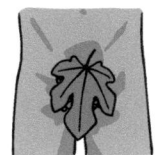

yin jing

penis

mei mao

vetulla

tou fa

flokët

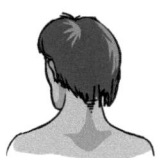

bo zi

qafa

yi yuan
spital

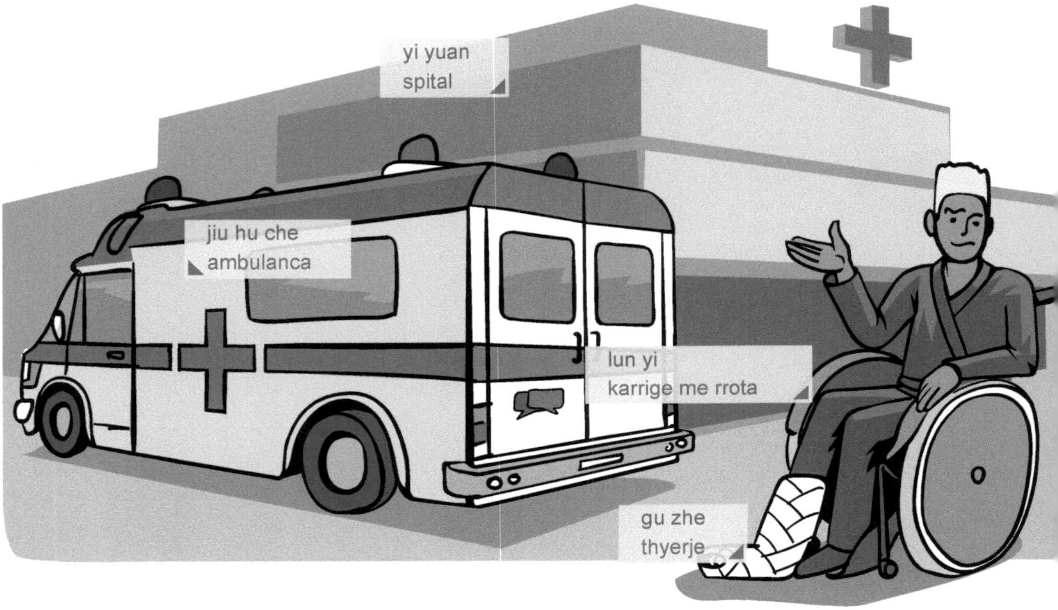

yi yuan
spital
jiu hu che
ambulanca
lun yi
karrige me rrota
gu zhe
thyerje

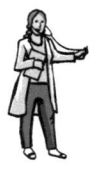

yi sheng

mjek

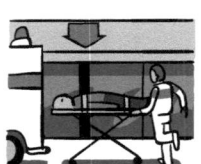

ji zhen shi

sallë urgjencash

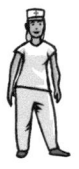

hu shi

infermiere

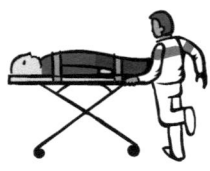

jin ji qing kuang

emergjencë

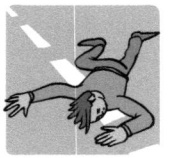

hun mi

i pandërgjegjshëm

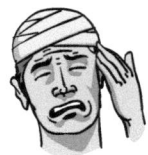

tong

dhimbje

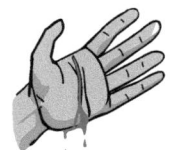

shou shang

dëmtim

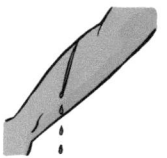

chu xue

gjakosje

xin zang bing fa zuo

infarkt

zhong feng

goditje

guo min

alergji

ke sou

kolla

fa shao

ethe

liu gan

grip

fu xie

diarre

tou tong

dhimbje koke

ai zheng

kancer

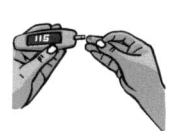

tang niao bing

diabet

wai ke yi sheng

kirurg

shou shu dao

bisturi

shou shu

operacion

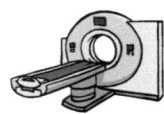

CT

CT (skaner)

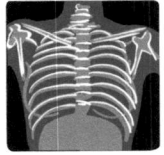

X guang

radiografi

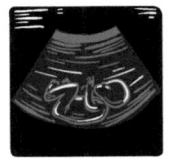

chao sheng bo

ultratingull

kou zhao

maskë fytyre

ji bing

sëmundje

hou zhen shi

dhomë pritjeje

guai zhang

paterica

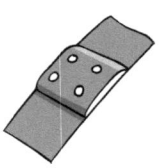

shi gao

leukoplast

beng dai

fasho

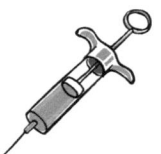

zhu she

injeksion

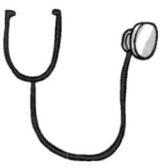

ting zhen qi

stetoskop

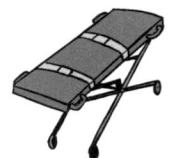

dan jia

barelë

ti wen ji

termometër

chu sheng

lindje

chao zhong

mbipeshë

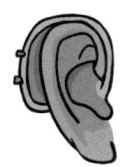

zhu ting qi

aparat dëgjimi

xiao du ye

dezinfektant

gan ran

infeksion

bing du

virus

ai zi bing

HIV / AIDS

yao wu

mjekësi, mjekim

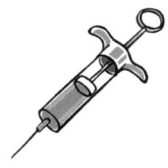

jie zhong yi miao

vaksinim

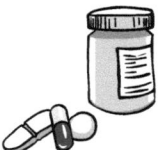

yao pian

tableta

yao wan

pilulë

ji jiu dian hua

telefonatë emergjence

xue ya ji

aparat tensioni

sheng bing/jian kang

i sëmurë / i shëndetshëm

jiu ming!

Ndihmë!

jing bao

alarm

tu ji

sulm

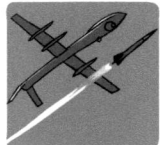

gong ji

atak

wei xian

rrezik

jin ji chu kou

dalje emergjence

zhao huo la!

Zjarr!

mie huo qi

fikëse zjarri

yi wai

aksident

ji jiu xiang

kuti e ndimës së shpejtë

hu jiu xin hao

SOS

jing cha

policia

ou zhou

Europa

bei mei zhou

Amerika e Veriut

nan mei zhou

Amerika e Jugut

fei zhou

Afrika

ya zhou

Azia

ao zhou

Australia

da xi yang

Atlantiku

tai ping yang

Paqësori

yin du yang

Oqeani Indian

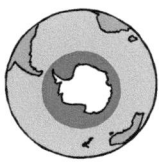

nan bing yang

Oqeani Antarktik

bei bing yang

Oqeani Arktik

bei ji

Poli i veriut

nan ji

Poli i Jugut

nan ji zhou

Antarktida

di qiu

toka

lu di

tokë

hai

det

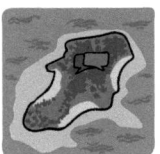

dao

ishull

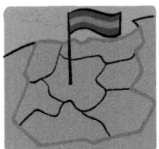

guo jia

komb

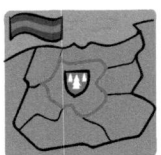

guo jia

shtet

zhong mian

fusha e orës

shi zhen

akrepi i orës

fen zhen

akrepi i minutave

miao zhen

akrepi i sekondave

xian zai ji dian?

Sa është ora?

tian

ditë

shi jian

kohë

xian zai

tani

dian zi biao

orë dixhitale

fen

minutë

shi

orë

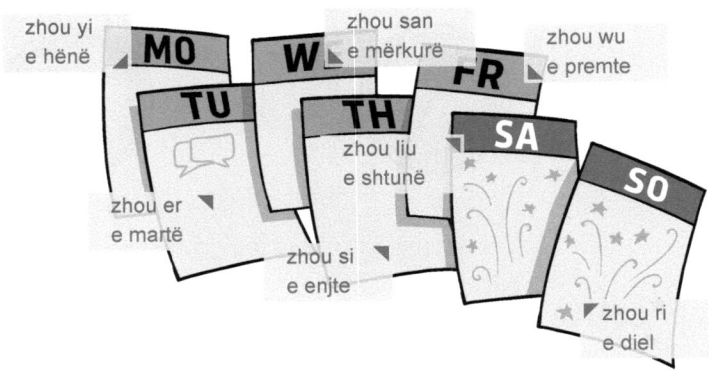

zhou yi
e hënë

zhou san
e mërkurë

zhou wu
e premte

zhou er
e martë

zhou liu
e shtunë

zhou si
e enjte

zhou ri
e diel

zuo tian

dje

jin tian

sot

ming tian

nesër

zao chen

mëngjes

zhong wu

mesditë

wan shang

mbrëmje

MO	TU	WE	TH	FR	SA	SU
1	2	3	4	5	6	7
8	9	10	11	12	13	14
15	16	17	18	19	20	21
22	23	24	25	26	27	28
29	30	31	1	2	3	4

gong zuo ri

ditë pune

MO	TU	WE	TH	FR	SA	SU
1	2	3	4	5	6	7
8	9	10	11	12	13	14
15	16	17	18	19	20	21
22	23	24	25	26	27	28
29	30	31	1	2	3	4

zhou mo

fundjavë

nian

vit

yu
shi
cai hong
ylber
feng
erë
xue
borë
chun
pranverë
xia
verë
qiu
vjeshtë
dong
dimër

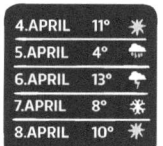

4.APRIL 11°
5.APRIL 4°
6.APRIL 13°
7.APRIL 8°
8.APRIL 10°

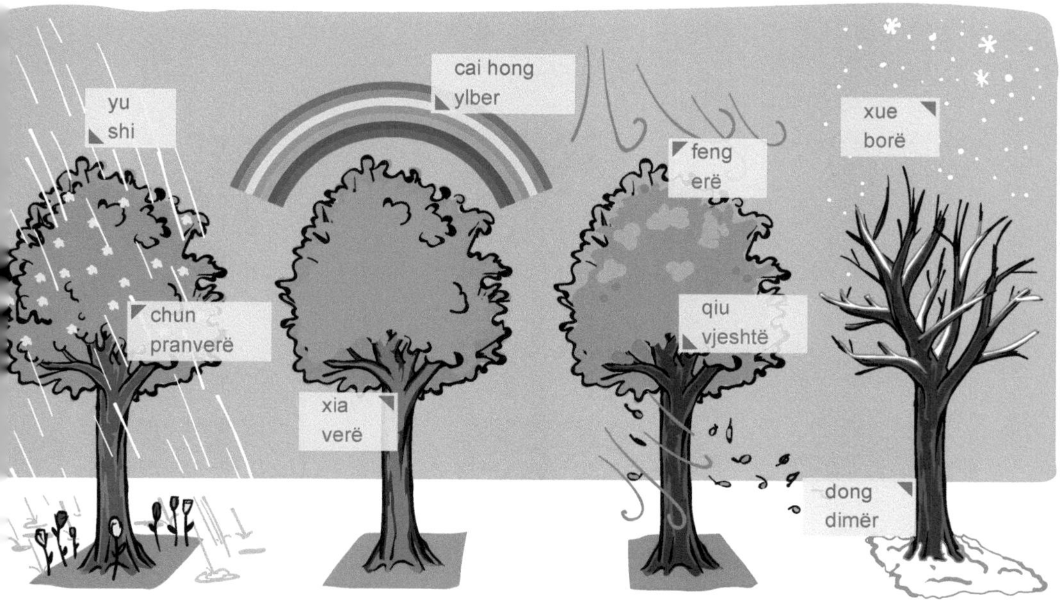

tian qi yu bao

parashikimi i motit

F
C
120
90
60
30
0
-30
40
30
20
10
0
-10
-20

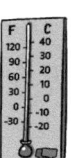

wen du ji

termometër

yang guang

ndriçim dielli

yun

re

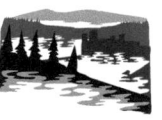

wu

mjegull

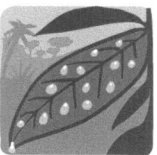

chao shi

lagështi

shan dian

vetëtima

da lei

gjëmim

feng bao

stuhi

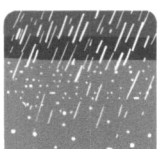

bing bao

breshër

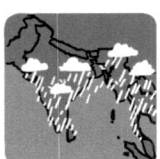

ji feng

muson

hong shui

përmbytje

bing

akull

yi yue

janar

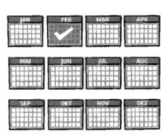

er yue

shkurt

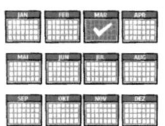

san yue

mars

si yue

prill

wu yue

maj

liu yue

qershor

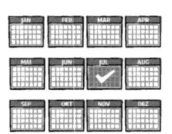

qi yue

korrik

ba yue

gusht

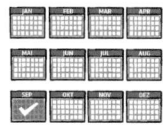

jiu yue
....
shtator

shi yue
....
tetor

shi yi yue
....
nëntor

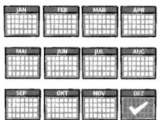

shi er yue
....
dhjetor

xing zhuang
forma

yuan xing
....
rreth

zheng fang xing
....
katror

chang fang xing
....
drejtkëndësh

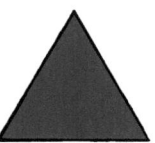

san jiao xing
....
trekëndësh

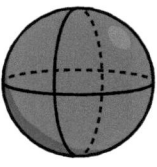

qiu ti
....
sferë

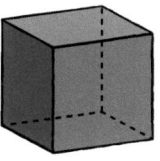

li fang ti
....
kub

bai

e bardhë

huang

e verdhë

cheng

portokalli

fen

rozë

hong

e kuqe

zi

vjollcë

lan

blu

lü

e gjelbër

zong

kafe

hui

gri

hei

e zezë

hen duo/shao xu

shumë / pak

sheng qi/ping jing

i nevrikosur / i qetë

mei/chou

i bukur / i shëmtuar

shou/wei

fillim / fund

da/xiao

i madh / i vogël

ming/an

i ndritshëm / i errët

xiong di/jie mei

vëlla / motër

gan jing/ang zang

e pastër / e pistë

wan zheng/que shi

e plotë / jo e plotë

bai tian/wan shang

ditë / natë

si/sheng

gjallë / vdekur

kuan/zhai

i gjerë / i ngushtë

ke shi yong/fei shi yong

i ngrënshëm / i pangrënshëm

xie e/shan liang

i keq / i këndshëm

xing fen/wu liao

i lumtur / i mërzitur

pang/shou

i shëndoshë / i dobët

di yi/zui hou

e para / e fundit

peng you/di ren

mik / armik

man/kong

plot / bosh

ying/ruan

e fortë / e butë

zhong/qing

e rëndë / e lehtë

e/ke

uri / etje

sheng bing/jian kang

i sëmurë / i shëndetshëm

fei fa/he fa

e paligjshme / e ligjshme

cong ming/yu ben

i zgjuar / budalla

zuo/you

majtas / djathtas

jin/yuan

afër / larg

xin/jiu

e re / e përdorur

mei you/you xie

asgjë / diçka

lao/you

i moshuar / i ri

kai/guan

ndezur / fikur

da kai/he shang

hapur / mbyllur

an jing/chao nao

i qetë / i zhurmshëm

fu/qiong

i pasur / i varfër

dui/cuo

e drejtë / e gabuar

cu cao/guang hua

i ashpër / i butë

shang xin/gao xing

i mërzitur / i lumtur

duan/chang

i shkurtër / i gjatë

man/kuai

ngadalë / shpejt

shi/gan

i lagësht / i thatë

wen nuan/liang shuang

ngrohtë / freskët

zhan zheng/he ping

luftë / paqe

0

ling

zero

1

yi

një

2

er

dy

3

san

tre

4

si

katër

5

wu

pesë

6

liu

gjashtë

7

qi

shtatë

8

ba

tetë

9

jiu

nentë

10

shi

dhjetë

11

shi yi

njëmbëdhjetë

12

shi er

dymbëdhjetë

13

shi san

trembëdhjetë

14

shi si

katërmbëdhjetë

15

shi wu

pesëmbëdhjetë

16

shi liu

gjashtëmbëdhjetë

17

shi qi

shtatëmbëdhjetë

18

shi ba

tetëmbëdhjetë

19

shi jiu

nentëmbëdhjetë

20

er shi

njëzetë

100

bai

qind

1.000

qian

mijë

1.000.000

bai wan

milion

ying yu

anglisht

mei shi ying yu

anglishte amerikane

pu tong hua

kinezisht mandarin

yin di yu

hindi

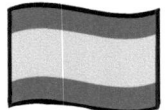

xi ban ya yu

spanjisht

fa yu

frëngjisht

a la bo yu

arabisht

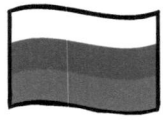

e yu

rusisht

pu tao ya yu

portugalisht

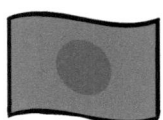

feng jia la yu

bengalisht

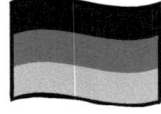

de yu

gjermanisht

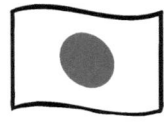

ri yu

japonisht

wo

unë

ni

ti

ta/ta/ta

ai / ajo

wo men

ne

ni men

ju

ta men

ata

shei?

kush?

shen me?

çfarë?

zen yang?

si?

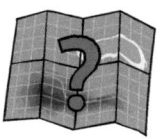

na li?

ku?

shen me shi hou?

kur?

ming zi

emër

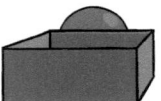

hou mian
....
pas

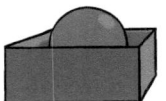

li mian
....
në

qian mian
....
përballë

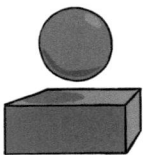

shang fang
....
sipër

shang mian
....
mbi

xia mian
....
poshtë

pang bian
....
pranë

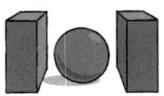

zhong jian
....
midis

di dian
....
vend